【典藏】

厦 门 文 史 丛 书

中国人民政治协商会议
福建省厦门市委员会 编

洪卜仁 主编

厦门旧影新光

厦门大学出版社

图书在版编目(CIP)数据

厦门旧影新光/洪卜仁主编.—厦门:厦门大学出版社,2008.2(2021.12 重印)
(厦门文史丛书)
ISBN 978-7-5615-2943-0

Ⅰ.厦…　Ⅱ.洪…　Ⅲ.城市史—厦门市—摄影集　Ⅳ.K295.73-64

中国版本图书馆 CIP 数据核字(2008)第 018394 号

出 版 人	郑文礼
责任编辑	薛鹏志
版式设计	鼎盛时代
技术编辑	朱　楷

出版发行 厦门大学出版社

社　　址	厦门市软件园二期望海路 39 号
邮政编码	361008
总　　机	0592-2181111　0592-2181406(传真)
营销中心	0592-2184458　0592-2181365
网　　址	http://www.xmupress.com
邮　　箱	xmup@xmupress.com
印　　刷	厦门集大印刷有限公司

开本	720 mm×1 000 mm　1/16
印张	10.75
插页	3
字数	200 千字
版次	2008 年 2 月第 1 版
印次	2021 年 12 月第 2 次印刷
定价	68.00 元

厦门大学出版社
微信二维码

厦门大学出版社
微博二维码

【序言】

　　"好雨知时节，当春乃发生。"古往今来，人们总是由衷地赞美春天。因为它充满生机和憧憬，带来的不仅仅是播种的怡悦，还常常伴随着收获的希冀。

　　在万木复苏、百花盛开、姹紫嫣红、春回大地的日子里，参加厦门市政协十一届一次全会的全体新老政协委员，就是怀着一种播种与收获交织、怡悦与希冀并行的激情，迎来了2007年新春的第一份礼物。根据本届市政协主席会议的研究决定，由厦门市政协与我市文史工作者合作共同推出的"厦门文史丛书"第一方阵——《厦门名人故居》、《厦门电影百年》、《厦门史地丛谈》、《厦门音乐名家》等四种政协文史资料读物终于如期与大家见面了！

　　这无论在厦门政协文史资料发展历史上，还是在我市先进文化建设进程中，都是可圈可点，很有意义的一件喜事。为此，我首先代表厦门市政协，向直接、间接参与这套"丛书"的组织、策划、编撰、编辑、出版和宣传工作而付出辛勤劳动的有关领导、专家、学者及工作人员，向为此提供宝贵支持的社会各界和热心人，表示衷心的感谢，并致以新春佳节最美好的祝愿！

　　众所周知，文史资料历来就受到人们的重视和青睐。因为通过它，人们不仅可以自由地超越时空，便捷可靠地了解到一个区域（通常是一个城市）古往今来的进步发展情况，真实形象地感受到这里丰富多彩的文化历史现象，满足自己的求知欲和审美情趣，而且还可以发现许多具有现实意义和参考价值的吉光片羽，并从中汲取激励自己积极向上、奋发有为的养分和力量。

通过文史资料，我们知道：厦门这块热土有着丰富而厚重的历史积淀和文化内涵。迄今四五千年前的新石器时代，厦门岛上就有早期人类生活的遗迹。大概一千二三百年前的唐代中叶，中原汉族就辗转迁徙前来厦门，在岛上拓荒垦殖，繁衍生息。宋元时期，中央政府开始在厦门驻军设防。明朝初年，为了防御倭寇侵犯，在厦门设置永宁卫中、左二所，洪武二十七年（1394年）又在此兴建城堡，命名厦门城。从此，"厦门"的名字正式出现在祖国的版图上，并随着城市的进步发展、知名度的不断提高而逐渐蜚声海内外。今天的厦门，早已不是当年偏僻荒凉的海岛小渔村，而是国内外出名的经济特区、现代化国际性港口风景旅游城市。

通过文史资料，我们还知道：千百年来，依托厦门这方独特的历史舞台，勤劳勇敢、聪明善良的厦门人民，在改造自然与社会、追求进步与发展、争取生存与自由、向往幸福与独立的伟大进程中，谱写了一曲曲感天动地的赞歌，创造了一个个令人惊叹的奇迹，同时也涌现了一批批彪炳青史的俊彦。如以厦门为基地，在当地子弟兵的支持下，民族英雄郑成功完成了跨海东征，收复台湾的辉煌壮举；在其前后，有发明创造"水运仪象台"，被誉为"中国古代和中世纪最伟大的博物学家、科学家之一"的苏颂；有忠勇爱民，抗击外敌，不惜以死殉国的抗英爱国将领陈化成；有爱国爱乡，倾资办学，不愧为"华侨旗帜，民族光辉"的著名侨领陈嘉庚；有国家领导人方毅、叶飞，一代名医林巧稚、著名科学家卢嘉锡，等等。他们的传奇人生、奋斗业绩所折射出的革命传统、斗争精神、民族气节、高尚情操和优秀秉性，经过后人总结升华并赋予时代精神，已成为厦门人民弥足珍惜、继承光大的精神财富，正激励着一代代的厦门儿女为建设小康社会而奋斗！

春风化雨，任重道远。通过文史资料，我们更是知道：改革开放以来，在中国共产党的正确领导下，依靠广大人民群众的聪明才智，在短短的二十多年里，我们的家乡厦门发生了翻天覆地的巨变。这种代表先进生产力的发展要求，代表先进文化的前进方向，代表广大人民群众根本利益的历史性巨变，不仅体现在城市建设、经济发展、生活改善、社会进步等方面，还突出表现在广大人民群众思想观念、道德情操、精神面貌、文明素质等方面所发生的深刻变化。

追根溯源，可以明志兴业。利用人民政协社会联系面广、专业人才荟萃、智力资源集中的优势，通过编撰出版地方文史资料，充分发挥政协文史资料"团结、育人、存史、资政"的功能，这本身就是人民政协履行职能的重要方式之一。值此四种文史资料的诞生，象征丛书的滥觞起，在充分肯定厦门发生的历史巨变而倍感自豪的同时，我们要一如既往地认真学习贯彻中共中央总书记胡锦涛在视察福建、厦门海沧台商投资区的重要讲话精神，学习贯彻中共中央政治局常委、全国政协主席贾庆林在纪念厦门经济特区25周年大会上的重要讲话精神，在致力于厦门经济特区经济建设、政治建设、社会建设的同时，从加强特区先进文化建设的高度，进一步加强政协文史工作，充分发挥政协文史资料的功能，以"厦门文史丛书"的启动为契机，严肃认真、兢兢业业地继续做好这项有意义的工作，以不负时代的重托。

我相信，有我市各级政协组织和委员、政协各参加单位的重视参与，有社会各界的支持帮助，有多年来积累的成功经验和有效做法，特别是有一支经受考验锻炼，与海内外各界联系广泛、治学严谨的地方文史专家队伍，只要我们认准目标，锲而不舍，与气势如虹的我市新一轮跨越式发展相称，与方兴未艾的海峡西岸经济区建设呼应，作为一项"功在当代，利在千秋"的重要事业，我市政协文史资料工作一定会取得长足进步，推出更多精品，发挥更大的作用！

城市历史文化，从来是反映城市前进发展中经验与教训的真实记录，是人们在改造自然与社会、创造"三个文明"的历史进程中所留下的重要印记、所提炼的不朽灵魂。以履行政协职能为宗旨，以政协编辑出版的地方文史资料为载体，通过有选择、有重点地记录、反映一座城市（或者相关的一个区域）的历史文化，自觉为建设中国特色社会主义服务，为科学发展服务，为构建和谐文化、和谐社会服务，为祖国统一大业服务，为中华民族的伟大复兴服务。这正是政协文史工作及其相关的文史资料的长处和作用，也是它区别于一般地方文史资料最重要的特色和优势。

也正是基于这种考虑和共识，在厦门市政协党组的高度重视和倾力支持下，市政协文史和学习宣传委员会认真总结近年来编纂出版地方政协文史资料的成功经验，在市委、市政府有关部门，我市有关社会机构和各界人士的帮助下，组织了我市一批有眼光、有经验、有热情、有学识的地方文史专家和专业工作者，经过深思熟虑，反复论证，决定与国家"十一五"计划同步，从2006年起，采取"量力而行，每年数册"的方针，利用数年时间，出齐一套大型地方历史文献"厦门文史丛书"。

编辑出版这套"丛书"的目的是，本着"古为今用"的原则，在批判继承前人的基础上，努力挖掘、整理、利用厦门地方历史文化渊薮中有益、有用、健康、进步的或者具有借鉴、警示意义的文史资料，直接为现实服务：为地方历史文物的保护工作服务，为地方文史资料的大众普及和学术研究工作服务，为发挥政协文史资料"团结、育人、存史、资政"的作用服务，为人民政协事业服务，为统一战线工作服务；为遍布海内外，通过寻根问祖，关心了解祖国和家乡过去、现在、将来的厦门籍乡亲服务；为主张两岸交流，反对"台独"阴谋、认同"一个中国"，心系祖国统一大业的炎黄子孙服务；为提高人民群众，尤其是青少年的科学文化素质、道德文明修养，培养"四有"公民，建设学习型、创新型社会，推动厦门经济特区建设实现"更好更快"发展的新目标提供方向保证、智力支持和精神动力服务。

编辑出版这套"丛书"的方针是，不求全责备，面面俱到，只求真实准确，形象生动。即经过文史专家的爬梳剔抉、斟酌考证，尽量选取第一手的"原生态"史料，从本市及其邻近相关区域中所传承积淀下来的文化历史切入，以厦门市为重心，适当延伸至闽南地区，以近现代为主、当代为辅，以厦门城市发展进程中具有典型性、代表性的人物事件为对象，通过"由近及远、由表及里，标本兼顾，源流并述"的方式，尽可能采取可读性强的写法，并辅之以说明问题的历史照片或画面，进行客观而传神的艺术再现。

我在本文的开头特别提到，春天是充满希望与憧憬的时节。反复揣摩案头上还散发着阵阵醉人的油墨芳香近日问世的四种政协文史资料读物，欣喜之余，我想到，虽然这仅仅只是成功的开篇，今后几年里厦门政协文史工作要取得预期的成果，顺利出齐"厦门文史丛书"全部读物的任务还相当繁重，但我坚信，只要我们坚持人民政协"团结、民主"的主题，相信和依靠大家的智慧力量，始终秉持春天一样的热情与锐气，始终把希望和憧憬作为自己前进的目标、动力，一如既往地追求奋斗，我们的事业将永远充满阳光、和谐！

是为序。

陈修茂

（作者系厦门市政协党组书记、主席）

2007年2月28日

【前言】

厦门历史悠久,三四千年前就有人类在这里生活。历史上,厦门曾几易其名,唐代称"新城",宋代称"嘉禾屿"、"嘉禾里",元朝为千户所,明朝为中左所。明初筑"厦门城","厦门"这个地名始载史册。明末清初,郑成功改厦门为"思明州"。康熙二十二年(1683年),恢复"厦门"名称。1912年设思明县,1935年升格为厦门市。1980年,国务院批准在岛上划出2.5平方公里设立厦门经济特区。1984年3月,经济特区范围扩大到全岛,面积131平方公里。

岁月流逝,沧海桑田。城市建设的飞速发展,使厦门发生了日新月异的变化。旧时流连的小巷已在记忆中渐行渐远,儿时嬉耍的院子也已日渐模糊,幢幢高楼拔地而起,座座大桥飞跨海峡,BRT横穿南北,工业园遍布东西。夕阳西下时,放眼今日美景,追溯旧时的履痕,是惬意的享受,也是隐约的失落。

影像存储记忆,影像慰藉心灵;影像记录历史,影像打动世界。在旧影里寻失落小巷,在新光里看新旧巨变;在抚今追昔中,叹时光流逝,世事变迁。为了记录历史,感受现在,让读者直观地了解厦门的过去,了解厦门在现代化建设中所取得的巨大成就,我们从厦门市图书馆馆藏文献中搜集整理出一批厦门新旧照片,出版这本图片集,以新旧对照的形式展现厦门春雷惊谷般的巨变,给厦门的历史留一份恒久而生动的记录。

我们真切地希望，图片集能让你在古城门斑驳的矮墙上，在老榕树疏离的影子里，在寂寥的长街短巷中，追溯到旧时的美好记忆；我们更真切地希望，图片集能让你在鳞次栉比的高楼间，在绵延流淌的车流里，在飞架南北的桥梁上，感受到今日的盛世繁华。

编者

2008年1月31日

目录

文教荟萃

名胜风光

后记

厦门是一座著名的海港城市。早在16世纪，厦门就以其港口优越闻名于世。航海贸易的发达，扩大了厦门与海内外的联系，推动了厦门的发展。同时，也为中外友好交往搭起桥梁，并成为华侨出入祖国门户和台胞的主要祖籍地。1942年《南京条约》签订后，厦门被迫开放，各国船只出入厦门港从事国际贸易。1920年，厦门各界人士组成市政会，筹划旧城改造，开辟马路，修整市容。新中国成立后，特别是改革开放辟为经济特区以来，城市面貌日新月异。如今，厦门作为海峡西岸经济区中心城市，其发展速度，更是令人瞩目。

照片展现的是厦门城市的旧貌新颜。

市景街容
SHIJING　　JIERONG

厦鼓海峡

厦鼓两岸

厦鼓两岸（1954年摄　郑阿栗　供图）

厦鼓两岸（朱庆福）

20世纪70年代以前的厦门岛西部，筼筜港与厦鼓海峡连成一片（白桦　供图）

清末的厦门——鼓浪屿鸟瞰

从厦门岛望鼓浪屿南侧（白桦　供图）

抗战前的西仔路头与鼓浪屿北侧

堤岸

清末民初，被英国强占的厦门海后滩（《厦门市土地志》）

1908年的厦门滨海街道。图中的大牌楼是为庆祝慈禧太后诞辰及欢迎美国舰队而竖立的（《厦门旧影》）

20世纪30年代初繁忙的厦门港。载客小舢板穿梭其间，民居密集，货栈、码头宛然在目（《厦门旧影》）

20世纪50年代的厦门鹭江道轮渡码头至妈祖宫码头段堤岸（《福泉漳厦旅游指南》）

鹭江道新姿（洪樵甫）

20世纪20—30年代的厦门堤岸

市 景 街 容

前堤岸全景

码头

厦门岛东北端的五通古渡头，为南宋迄民国时期厦门与内陆的水上交通要道
（《厦门旧影》）

20世纪30年代的鼓浪屿黄家渡码头

新开辟的金厦直航的五通码头

鹭江道海关前的码头

抗战胜利后，自来水公司前的水仙宫码头被改名为"中正码头"

厦门沦陷期间的轮渡码头

抗战前夕的鼓浪屿轮渡码头

厦门旅游客运码头

20世纪30年代初，林尔嘉的儿媳妇带着女佣人在鼓浪屿龙头码头上送别友人（《厦门旧影》）

20世纪50~60年代中山路、鹭江道交叉口的轮渡码头。图中圆形建筑物为国民党军溃败前建的碉堡（白桦 供图）

解放前码头上的驳运（《厦门旧影》）

液化气码头（《厦门规划》）

东渡货运码头（朱庆福）

城墙与寨门

厦门城北门，1928年旧城改造时拆毁
（《厦门旧影》）

古城遗迹（白桦）

城门之一，门前牌坊清晰可见

鸿山与麒麟山之间的镇南关

1930年开辟为思明南路前的镇南关（《厦门旧影》）

清末的镇北关

湖里变迁

打响湖里建设第一炮

湖里区一隅（刘成福 供图）

特区发祥地——湖里破土动工 （李开聪：《鹭岛春秋》）

鼓浪屿沧桑

19世纪下半叶，鼓浪屿西式建筑与闽南传统民居并存（洪卜仁 供图）

1868年的鼓浪屿

民国初年的鼓浪屿

鼓浪屿全景（白桦）

街道社区

1926年竣工的厦门第一条马路——开元路

1931年竣工的升平路，昔日银行、钱庄大多开设于此

1931年竣工的镇邦路

中华路修建马路情形（《厦门旧影》）

20世纪20年代末，中山路拆除房屋修建马路情形（《厦门旧影》）

抗战前的鹭江道西段

抗战前的思明北路

解放初期的大同路西段（郑阿栗 供图）

解放初期的思明南路（郑阿栗 供图）

流光溢彩的中山路 （白桦）

20世纪50年代的中山路

20世纪50年代的大同路

厦禾路改造前拆迁动员 （《厦禾路的变迁》）

改造前的厦禾路（《厦禾路的变迁》）

改造后的厦禾路新貌

1930年前后的厦门模范村——百家村

20世纪30年代的东边社

20世纪30年代的曾厝垵

20世纪30年代的五通

抗战前城市建设前的衙口街南段，今新华路中山路口一带（《厦门旧影》）

抗战前城市建设前的"马房口"，今玉滨城（《厦门旧影》）

厦门文史丛书

|厦|门|旧|影|新|光|

厦门新市区一隅（朱庆福）

解放前厦门市西南部一隅，筼筜港清晰可见（白桦 供图）

改革开放前的厦门海滨公园（郑阿栗 供图）

鹭江道新景（朱庆福）

湖滨南路

　　20世纪30年代厦门设市，带动百业俱兴，市场繁荣，公用事业设施不断完善。新中国成立初，厦门处于海峡两岸军事对峙前线，基建难以推进，工商业发展缓慢。改革开放后创办经济特区以来，给厦门城市经济发展带来了无限生机。以经济建设为中心，工商业、金融业等全面发展，经济实力不断增强，人民生活水平显著提高。

　　照片集中展示了厦门百业兴旺的景象。

百业纵览

BAIYE　　ZONGLAN

总商会

中山路厦门商会旧址（《厦门旧影》）

厦门总商会新会所（白桦 ）

航运

1858年在今第一码头附近兴建的英商新船坞有限公司（《厦门旧影》）

新船坞公司的木工车间（《厦门旧影》）

厦门造船厂自主研发的4900卡汽车运输船（厦船重工 供图）

厦门造船厂（《厦门规划》）

1946年停泊在厦门港内的招商局轮船（《厦门旧影》）

1980年，香港－厦门航线恢复后的首航客轮"鼓浪屿"号（《走过半世纪：厦门日报创刊五十周年纪念画册》

现代化大油轮

铁路

清末民初停在漳厦铁路上的火车（《厦门旧影》）

漳厦铁路在嵩屿的站台（《厦门旧影》）

移山填海，厦门岛与大陆连在一起（李开聪：《鹭岛春秋》）

1956年冬，铁道兵铺轨列车抵达厦门海堤，鹰厦铁路挺进厦门岛（《走过半世纪：厦门日报创刊五十周年纪念画册》）

第一列火车开进厦门（《福泉漳厦旅游指南》

厦门的孩子登上列车，十分高兴
（李开聪：《鹭岛春秋》）

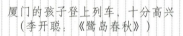

路桥

集美立交桥（朱庆福）

立体交通——高架桥（白桦）

航空

1935年停在曾厝垵海面上的民航客运水上飞机（《厦门旧影》）

曾厝垵军民两用水上飞机机场（《厦门旧影》）

20世纪80年代兴建的高崎国际机场 （厦门建设银行挂历）

厦门国际机场（郑宪）

车站

20世纪60—90年代初在美仁宫的厦门老汽车站（郑阿栗 供图）

松柏长途汽车站

公共交通

抗战前的厦门公共汽车公司

公交场站

电力

商办厦门电灯电力股份有限公司设在厦门港的发电厂（《厦门旧影》）

嵩屿电厂（《厦门城市建设巡礼》）

自来水

商办厦门自来水公司办公楼（《厦门旧影》）

高殿水厂（《构筑新世纪精神大厦：厦门市创建文明城市纪实》）

垃圾压缩转运站（《厦门规划》）

新时期的污水处理厂（《厦门城市建设巡礼》）

煤气

厦门煤气厂（《厦门城市建设志》）

石油液化气储配站（《厦门城市建设志》）

邮政

1896年6月兴建的"大清厦门邮政总局"大楼（《厦门旧影》）

厦门邮局新大楼

通讯

1931年建成的交通部厦门电报局（《厦门市邮电志》）

民国时期商办的厦门电话股份有限公司（《厦门旧影》）

1991年5月17日，厦门移动电话开通（《厦门市邮电志》）

厦门电信大楼

金融

中央银行，址在今厦门市总工会
（《厦门旧影》）

中国银行，今水仙路海光大厦背后（《厦门旧影》）

1985年创办的厦门国际银行，是中国首家中外合资银行（白桦）

交通银行，今升平路海后路口（《厦门旧影》）

湖滨北路金融区（白桦）

中国人民银行厦门分行

旅社

20世纪30年代国民政府主席林森曾经住过的大千旅社（（《厦门旧影》）

著名学者李公朴和著名作家郁达夫曾经住过的天仙旅社（《厦门旧影》）

创办于1956年的绿岛饭店

厦门国际旅行社（郑阿栗）

百货

创办于1921年的南泰成环球货品大商场
（《厦门旧影》））

南泰成柜台一角（《厦门旧影》）

原厦门第一百货公司，现为"华联百货"

中山路的惠济堂泰记百货公司（《厦门旧影》）

惠济堂柜台（《厦门旧影》）

名汇广场（洪樵甫）

SM城市广场（白桦）

明发商业广场（白桦）

市场

厦门第二市场

厦门第一市场

厦门第三市场

旧时台胞在厦门开设的水果交易市场（《厦门旧影》）

中埔台湾水果批发市场（郑宪）

厦门文教事业源远流长，中外兼容，内涵丰富，有继承古老传统的民间曲艺，也有来自西方的音乐和戏剧。厦门图书馆是全国较早设立的图书馆之一。清末，厦门已出现了幼儿园、小学、中学和职业学校，1921年爱国侨领陈嘉庚创办厦门大学，形成了学前教育到高等教育完整的教育体系。厦门的西医西药开全国先河，赛龙舟等民间体育运动已有几百年历史。经济特区建设以来，文化、教育、卫生、体育等事业健康协调发展，出现一派欣欣向荣的景象。

　　照片反映了厦门文教事业的发展历程。

文教荟萃

WENJIAO　　HUICUI

图书馆

1919年9月，在文渊井21号设立的厦门图书馆

7年，图书馆迁到思明北路浮屿角（郑阿栗　供图）

1972年8月，图书馆迁到中山路69号

1991年，杨贻瑶先生捐资兴建的图书馆综合楼

新建成的厦门图书馆（白桦）

20世纪30年代设于鼓浪屿港仔后路的中山图书馆

1994年重建的厦门图书馆中山分馆

20世纪80年代的厦门市少儿图书馆（《厦门商会百年纪念特刊》）

后溪路140号的厦门市少儿图书馆

文博馆

鼓浪屿八卦楼的厦门博物馆旧馆（白桦）

厦门博物馆新馆（白桦）

鼓浪屿钢琴博物馆（白桦）

创办于1959年的厦门华侨博物院（郑阿栗）

1962年创办的郑成功纪念馆（白桦）

厦门革命烈士纪念碑（郑阿栗）

集美归来堂（郑阿栗）

厦门大学人类博物馆（白桦）

原中山公园西门内的通俗教育社，解放初改为厦门市文化馆

湖滨南路的厦门市群众艺术馆（《厦门规划》）

厦门市工人文化宫（郑阿栗）

厦门文化馆新馆（白桦）

影院戏厅

始建于1929年的开明戏
院，后改名开明电影院

思明戏院，后改名思明电影院

在江头兴建的开明电影院

鼓浪屿音乐厅

厦门影剧院

文艺团体

成立于民国初期的菽庄吟社（《厦门旧影》）

厦门市文联（朱庆福）

民俗活动

蜈蚣阁（周煜　供图）

蜈蚣阁（洪樵甫）

搭台演歌仔戏（周煜 供图）

演歌仔戏迎新年 （洪樵甫）

节日的中山路（白桦）

文艺彩街活动（白桦）

宗教

厦门水涨上帝官

鼓浪屿兴贤官

厦门清真寺

1884年建造的新街仔礼拜堂，被称为"中华第一圣堂"

厦门竹树脚礼拜堂

幼稚园

怀德幼稚园，是中国第一所幼儿园，被称为"中华第一园"（日光幼儿园 供图）

日光幼儿园（日光幼儿园 供图）

集美幼儿园（郑阿栗）

厦门第一幼儿园（白桦）

小学

20世纪50年代的实验小学（《厦门市房地产志》）

厦门市实验小学（朱庆福）

今日的大同小学（白桦）

20世纪60年代的大同小学 （《百年大同》）

1913年建成的集美小学木质校舍

新华小学，其前身为抗战胜利后台胞创办的复华小学（《岁月屐痕》）

中学

今厦门市第二中学原为英华中学（《福建画报》）

怀仁女子学校（《厦门旧影》）

毓德女子中学

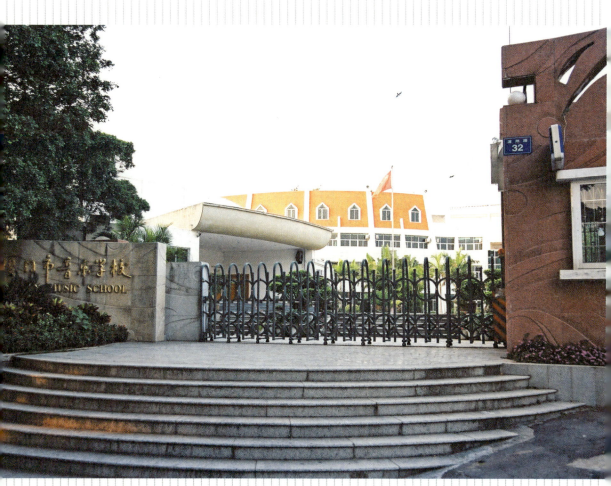

20世纪90年代在原毓德女中旧址兴建的厦门音乐学校（白桦）

清末在厦门教会学校读书的女学生（《厦门旧影》）

少女时代的林巧稚（中）与同窗好友在鼓浪屿合影（《厦门旧影》）

23年9月创办的厦门美术专科学校（《厦门旧影》）

同文中学旧礼堂

改革开放后在同文中学旧址新建的厦门旅游学校

厦门第一中学全景

20世纪50－60年代的厦门一中校园（白桦 供图）

厦门一中新校区

厦门双十中学

厦门双十中学枋湖新校区（洪樵甫）

集美中学南薰楼（白桦 供图）

集美中学南薰楼（朱庆福）

大学

抗战前的厦门大学校舍（《福建画报》）

厦门大学校门（郑阿栗）

厦门大学鸟瞰（潘万华）

厦门大学一隅（郑阿栗）

集美学府鸟瞰（郑阿栗）

集美学村（白桦 供图）

集美学校敬贤楼（白桦 供图）

集美大学鸟瞰（朱庆福）

厦门经济特区设立初期兴办的鹭江职业大学（《鹭江大学》）

如今鹭江职业大学已升格为厦门理工学院（郑宪）

医院

同善医院

厦门救世医院

新中国成立后的中山医院

厦门中山医院

厦门第一医院（厦门第一医院　供图）

厦门第一医院新大楼

海军医院

厦门中医院（白桦）

体育

鼓浪屿球埔

设在中山公园内的精武体

厦门市人民体育场（《厦门规划》

20世纪30年代的一场篮球赛（《厦门旧影》）

嘉庚体育馆（洪樵甫）

1956年，横渡厦鼓海峡游泳活动的场面（《走过半世纪：厦门日报创刊五十周年纪念画册》）

集美龙舟池举行的龙舟赛（洪樵甫）

老少同乐（洪樵甫）

拔河比赛（白桦 供图）

少儿嬉戏（白桦 供图）

厦门国际马拉松赛（朱庆福）

厦门这座海岛风景城市，早在清乾隆年间，岛上骚人墨客就有许多描述旖旎风光的的诗词吟咏，辑成《嘉禾名胜记》传世。随着时代的推进，地貌的改变，尤其是新中国成立后，建设事业的飞速发展，城区面积的扩大，国防海防的需要，有的景点已不存在。2000年，厦门市政府组织专家、学者，重新评出厦门新的二十名景。

照片展出了部分新旧景观。

名胜风光

MINGSHENG FENGGUANG

旧名景

万寿岩入口处——德寿桥

万寿岩

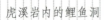

虎溪岩内的鲤鱼洞

虎溪岩（白桦 供图）

虎溪岩寺（白桦）

与虎溪岩毗邻的白鹿洞

白鹿洞内景

洪济山（云顶岩）上的"观日台"

位于厦门岛西南的"阳台夕照"，与"云顶观日"，一朝一夕，同为奇景

虎头山，形似虎首，惟妙惟肖

万石岩与太平岩之间的中岩

在原厦门城西南部的望高石，下为夕阳寮

万石岩的狮子洞

万石岩前的象鼻峰

万石岩磊石插天，千姿百态，有万笏朝天、万石锁云、万石朝天诸景点

鸿山寺

鸿山寺山门

风动石，原在今第一医院后山，1908年被上山游览的德国水兵推倒

日光岩半山腰的郑成功水操台

中山公园西门内景

中山公园水榭及精武体育会侧面

中山公园三角亭（郑阿栗　供图）

鼓浪石（《厦门旧影》）

鹿耳礁（《厦门旧影》）

新名景

"皓月雄风"，民族英雄郑成功塑像屹立复鼎岩上（白桦）

金榜公园

菽庄藏海

南普陀寺（白桦）

白鹭洲公园与人民会堂、南湖公园、西堤公园，构成"篔筜夜色"新景观 （白桦）

日光岩（白桦）

"石为迎宾开口笑，山能作主乐天成"，石笑依然

大轮梵天（白桦）

青礁慈济

万石山风景区，是厦门旅游风光最集中的地方（白桦）

演武大桥（郑宪）

东渡飞虹（郑宪）

东环望海（朱庆福）

胡里炮王（白桦）

鳌园春晖（《厦门二十名景》）

北山龙潭（白桦）

【后记】

　　厦门这座享有"联合国人居城市"、"首批全国文明城市"等美誉的海滨城市，其城市建设所取得的巨大成就有目共睹。2007年3月厦门市图书馆新馆开馆之际，从馆藏文献中精选出200多张图片，举办了"厦门旧影新光图片展"。我们希望通过这些历史的镜头，让读者更好地了解厦门沧海桑田的巨大历史变迁。

　　在展览筹备过程中，许多单位和摄影工作者、摄影工作爱好者为我们提供了照片和帮助，使展览增色不少。日光幼儿园、厦门市第一医院、厦船重工等单位提供了珍贵的历史照片，周煜、白桦、郑阿栗、朱庆福、郑宪、洪樵甫、潘万华等人提供了他们珍藏的照片和摄影作品，郑阿栗还将他收藏的100多幅老照片赠给我馆珍藏；洪卜仁、周煜等从展览大纲的制定到展览的策划、布置都给了我们详细的指导；白桦为我们翻拍、扫描了照片。为此，我们向他们表示衷心的感谢！

　　朱镕基、陈至立、黄小晶、何立峰、刘赐贵等国家、省、市领导参观了我们的展览，得到了他们的首肯。展出期间，许多观众、读者给我们提了宝贵的意见，建议我们结集出版。领导、读者的支持，给了我们很大的鼓励和动力。在厦门市政协的大力支持下，本书得以出版。在成书过程中，洪卜仁先生给我们做了具体的指导，薛寒秋给了很大的支持，厦门大学出版社编辑薛鹏志不辞辛劳做了大量的工作，我们在此致以诚挚的谢意！

我们力求注明每张照片的来源出处，个别照片因出处不明或未能找到作者而没有注明，敬请谅解。

这些镜头，在展现城市变化发展的同时，也将作为城市记忆留给后人。我们深信，在市委、市政府的领导下，全市人民齐心协力、锐意进取，厦门必将迎来更加美好的明天。

由于时间仓促，囿于编者水平，疏漏之处在所难免，敬请读者批评指正！

编者

2008年1月30日